Como iniciar un Negocio de Limpieza de Oficinas

Judy Goode

Traduccion:
Marilyn Sejuela - Majestic Touch Enterprise LLC ©
2025

DEDICATORIA

Dedico este libro a todos los que lo lean. Que tú
también seas muy, muy exitoso. Que Dios
bendiga tu nuevo negocio de limpieza.

Indice

Reconocimientos

Ante todo, a Dios por darme todo lo
necesario cuando los tiempos eran difíciles,
por darme buena salud para seguir adelante,
por darme un espíritu de gratitud y, sobre
todo, por darme su amor y sus infinitas
bendiciones.

A mi maravilloso esposo Andy, quien es un
gran apoyo. Te agradezco por tantas cosas
que has aportado a nuestra empresa de
limpieza durante los últimos 18 años. Tu
enfoque práctico, insistiendo en que
limpiáramos con integridad para reflejar tu
apellido, fue el comienzo de los servicios de
limpieza de Goode.

Andrew, la lección más importante que
aprendí de ti fue que no tenemos
competencia con otras empresas de
limpieza. Tu pura sabiduría de que hay

suficiente negocio para todos me hizo comprender que el océano está lleno de agua. Gracias por todo lo que haz hecho, por todo lo que haz dado y por todas tus contribuciones para ayudarme a hacer de este un negocio excelente y exitoso. Te amaré por siempre.

A mi hija Tee por todos los años de buenos consejos y por su gran ayuda en la última edición de este libro. Gracias por ayudarme tanto con este libro. Por todos los años de tu gran apoyo moral y amor constante. Te amo mucho.

A mis cuatro maravillosas nietas Shannel, Shadear, Shamina y AJ, quienes nos ayudaron durante nuestros primeros años, Gracias a ustedes.

A todos mis empleados de los últimos 18 años, les digo gracias. Todos y cada uno de ustedes han contribuido a nuestro éxito. Quiero agradecer especialmente a Jenny Mullins, quien ha estado conmigo durante más de 15 años en las buenas y en las malas. Gracias, Jenny, por tu lealtad y excelente servicio a Goode's Cleaning.

A todos nuestros maravillosos y leales clientes a lo largo de todos estos años. Todos en Goode's Cleaning les damos las gracias por confiarnos sus hogares y oficinas.

A Beth Mynatt por animarme a seguir adelante y escribir este gran libro. Gracias, Beth, por impulsarme.

A la Dra. Wendy Norfleet, mi gran entrenadora a lo largo de este libro, le agradezco por aceptar el reto, por su gran paciencia capítulo por capítulo. También le agradezco que nunca me hayas puesto en dudas de que podía lograrlo. Wendy, espero escribir muchos más libros, gracias.

A Kim Deppe, quien me dijo hace muchos años que siguiera adelante y escribiera este libro. Gracias, Kim, por editarlo. Tu confianza en mí lo fue todo.

A BNI, mi primer grupo de networking, gracias por todo el conocimiento que adquirí. Su filosofía "Quien da, gana" es una lección que todo emprendedor necesita entender. Su aliento y sus reuniones individuales entre ustedes son realmente una de las marcas de excelencia bien enseñadas en sus reuniones.

A mi hermosa familia del Grupo BIZ NET Family Network en Orange Park, Florida. Durante los últimos 12 años, he dedicado mi negocio a formar parte de este fenomenal grupo de reuniones semanales, cuyos 50 miembros son expertos en sus servicios y se dedican a ayudarse mutuamente con excelentes referencias. Gracias, Biz Net, por toda la confianza que me han brindado a lo largo de los años con sus referencias.

Para "Finally Friday", uno de los mejores y más amigables grupos de redes al que tengo el placer de asistir una vez a la semana. Gracias por acogerme durante los últimos 9 años.

A la Cámara de Comercio de Jacksonville y a la Cámara de Comercio de Clay, gracias.

A Mark Carillion, quien me animó a usar Google. A Angie's List por los Premios al Súper Servicio durante tantos años. Gracias.

1: Mi Historia- Conoce al fundador

Hola, mi nombre es Judy Goode y soy la propietaria de Goode's Cleaning Services, Inc., fundada en junio de 2004. Somos una empresa cristiana. Nuestro nivel de integridad es extremadamente alto. Sabemos que Dios siempre nos está observando. Nuestro amor por Cristo nos distingue y por eso...

¡No tomamos atajos, los limpiamos!

He estado casada con Andy durante 53 años. Tenemos una hija encantadora, cuatro nietos y cinco bisnietos. Durante 34 años dediqué mi carrera como directora de informática de Wall Street, gestionando a más de 30 empleados. Después del ataque al World Trade Center el 11 de septiembre de 2001, tenía miedo de viajar a la ciudad de Nueva York. Mi esposo Andy y yo decidimos retirarnos de nuestras carreras. Vendimos nuestra casa en Nueva Jersey en 2003 y decidimos mudarnos al hermoso y soleado estado de Florida. Durante un año completo, perfeccionamos el arte de no hacer nada, lo cual fue muy divertido. Sin embargo, era hora de hacer las donas y sabíamos que queríamos hacer algo juntos. Así que decidí buscar un trabajo de limpieza. Hablé con una gran franquicia de empresas de limpieza del hogar y no pudieron acomodar las horas de medio tiempo que quería. Así que volví a casa y busqué en Google cómo iniciar una empresa de limpieza. Elegí un anuncio que cobraba $39.00 dolares por su libro electrónico. Bueno, esos fueron los mejores $39.00 dólares que gasté. Abrí Goode's Cleaning Services en 2004. Ahora tenemos más de 20 empleados y damos servicio a

más de 200 casas y alrededor de 50 oficinas.
Por eso, 18 años después, yo también te
cobro $39.00 dólares. Que tus $39.00
dólares también sean la mejor inversión que
hagas.

En 2008, la Cámara de Comercio de
Jacksonville nominó a nuestra empresa de
limpieza como Líder de Pequeñas Empresas
del Año. En 2014, la Cámara de Comercio
del Condado de Clark nos otorgó el premio
Empresa del Mes. Además, Angie's List, una
organización de renombre nacional, nos
otorgó el premio Super Service Award de
2014 a 2020. Nos sentimos muy honrados de
que WJX Channel 4 "Look Local"
transmitiera una entrevista en Goode's
Cleaning en mayo de 2018. Esta entrevista
está disponible en
www.goodescleaning.com

2: El tiempo es ahora: Listos? Vamos!

Hoy has tomado una gran decisión e inversión. Esta inversión en el futuro es el regalo que seguirá dando frutos porque una vez que consigas un cliente, siempre y cuando continúes brindándole un servicio de gran calidad, puedes contar con sus ingresos cada mes. El hecho de que los clientes que consigas quieran tus servicios semanalmente, quincenalmente o mensualmente creará un flujo continuo de ingresos.

Esta seguridad de ingresos te permite dormir bien por la noche.

La emoción que siento por ti y tu futuro negocio de limpieza es tremenda

Este manual es mi guía de éxito comprobada sobre cómo comencé mi empresa de limpieza y cómo he mantenido tanto a mis clientes como a mis empleados durante los últimos 18 años.

Este manual te guiará para convertirte en una de las mejores empresas de limpieza de tu zona.

Limpiar oficinas es un servicio fácil de realizar y siempre será necesario. Las empresas siempre necesitan mantener un entorno limpio para la seguridad y la salud de toda su empresa.

En la era del COVID-19, los requisitos de limpieza se han vuelto cada vez más esenciales.

Mi guía a lo largo de este manual te preparará para empezar inmediatamente para que puedas cosechar las recompensas financieras.

La limpieza es una industria que genera más de 61 mil millones de dólares cada año en Estados Unidos.

Sus posibilidades de conseguir oficinas para limpiar son realmente muy buenas.

La mayoría de las pequeñas empresas prefieren una pequeña empresa que les permita hablar directamente con el propietario, en lugar de una franquicia.

Es muy importante que cada vez que consiga un nuevo cliente le diga que quiere que comparta cualquier cosa que pueda desagradarle. Dígale que sus comentarios le ayudarán a mantener un alto nivel de sus servicios.

Al principio, le recomiendo que limpie las oficinas usted mismo, para generar confianza con tu cliente. Sin embargo, si no quieres hacer nada de la limpieza tú mismo y solo quieres ser un jefe, te animo a que contrates a alguien que conozcas personalmente, preferiblemente una persona que creas que va a hacer un gran trabajo y alguien que te represente bien. Recuerda que estos son tus primeros clientes, DEBES, repito, DEBES, tratar a tu nuevo negocio con guantes de seda. A medida que el negocio crece, te recomiendo encarecidamente que trabajes de la mano y capacites a tus nuevos empleados tú mismo. Este método de éxito será un gran activo para el crecimiento de tu negocio. Asegúrate de que la persona que capacites refleje tu imagen exactamente como le muestras a limpiar.

Desde el principio, explícale a tu empleado la importancia de limpiar SOLO de la manera que le enseñas. Recuérdale que este es tu negocio y tu reputación, y mientras trabajen para usted, deben hacerlo a tu manera. Siempre llame al cliente después de su primera limpieza para asegurarse de que esté satisfecho.

Pregúntele al cliente si hay algo que le gustaría que hiciera diferente?

NOTAS

3: Presupuesto Asequible

Esté libro le guiará en la creación de un negocio de limpieza de oficinas exitoso. Un negocio, por cierto, que puede sustentarle.

Un negocio de limpieza de oficinas exitoso puede iniciarse con menos de $400.00 dólares. Sí, leyó bien: menos de $400.00 dólares. Cuando empieza, necesita hacer una pequeña inversión para poner en marcha su negocio. Es posible que necesite una licencia comercial de unos 50 dólares (no todas las comunidades o ciudades la requieren). Necesitará un seguro comercial; las cantidades pueden variar. Le recomiendo que obtenga una póliza de cien mil dólares. Esta pequeña cantidad le permitirá pagar un pequeño pago inicial de $200.00 dólares y una pequeña cuota mensual. Cuando compré mi libro electrónico y me recomendaron no comprar el seguro de inmediato. Se me animó a esperar hasta que un cliente me lo pidiera. Las tarjetas de presentación pueden ser bastante económicas. Por menos de $25.00 dólares, puedes hacer tarjetas en línea y que te las envíen. Una impresora no es imprescindible, pero se vende en las grandes tiendas por menos de $75.00 dólares. El papel cuesta menos de $5.00 dólares por rema (500 hojas). Usa papel para tus volates (flyers). (Se proporciona una plantilla de muestra al final del Capítulo 14). Los productos de limpieza pueden costar menos de $20.00 dólares y los suministros de oficina aproximadamente lo mismo. Es posible que ya tengas algunos de estos artículos a mano.

Quiero hacerte la pregunta del millón: ¿te

gusta limpiar? Es importante que te tomes un momento para pensar en esta pregunta. Incluso si tu respuesta es no, pero no te importa limpiar o eres bueno en ello, entonces Es esencial porque cuando empiezas, o bien harás la limpieza tú mismo o bien contratarás a alguien y tendrás la gran responsabilidad de capacitarlo.

Ten en cuenta que lo que te estoy proporcionando es, en esencia, como una receta de pastel... una receta con ingredientes e instrucciones.

Si quieres los mismos resultados que yo logré, debes seguir la receta.

Ahora hablemos más sobre la fórmula del éxito.

Lo primero que te estoy proporcionando es una lista de clientes potenciales que se convertirán en tus futuros clientes.

Encontrarás estos negocios, normalmente en muchos centros comerciales o en parques empresariales corporativos.

NOTAS

_____

_____

_____

_____

_____

_____

_____

_____

_____

_____

_____

_____

4: Como Adquirir Clientes

Le proporciono una lista de clientes potenciales que se convertirán en sus futuros clientes. Tenga en cuenta que la lista a continuación tiene muchas categorías para que pueda conseguir clientes.

- Acupunturistas
- Bancos
- Oficinas comerciales
- Cardiólogos
- Salas de exposición de concesionarios de automóviles
- Quiroprácticos
- Contadores públicos certificados
- Guarderías
- Dentistas
- Dermatólogos
- Consultorios médicos
- Reparación eléctrica
- Centros médicos familiares

- Gimnasios
- Gastroenterólogo
- Ginecólogo y obstetra
- Peluquerías
- Medicina interna
- Oficinas de seguros
- Bufetes de abogados
- Masajistas
- Consultorios médicos
- Tiendas de teléfonos móviles
- Ópticos/Optometristas
- Fisioterapeutas
- Fontanería
- Podólogos
- Psiquiatra
- Radiólogo
- Agencias inmobiliarias
- Spas

NOTAS

5: Referencias

Cuando empecé, mi primer cliente me pidió referencias. Desafortunadamente, no conocía ninguna de esta información que estoy compartiendo con ustedes. Una vez que le di el precio a mi primer cliente, me pidió una referencia. Como era nueva, le dije que no tenía ninguna referencia. Me dijo: "¡Olvídalo, no me vas a usar como conejillo de indias!". Rápidamente le pregunté si me permitiría limpiar su oficina gratis, afirmando que si estaba contento con mis servicios, me pagaría y que si no, al menos tendría la oficina limpia. Esta es una técnica que recomiendo encarecidamente a cualquiera que se inicie en el negocio de la limpieza de oficinas.

Te recomiendo que ofrezcas algunas limpiezas gratuitas a los clientes para usarlos como referencias.

Cuando identifiques tu lista de clientes potenciales, querrás ir de puerta en puerta, presentarte y hacerles saber a las personas que tienes un negocio de limpieza. Ahora comienza tu verdadero trabajo. Siéntete orgulloso de ser el propietario, siéntete orgulloso de que vas a hacer un gran trabajo al servicio de los demás y nunca dudes en decirles a tus clientes potenciales que trabajarás duro para brindar un servicio de calidad y ganarte su confianza.

Otra fuente de referencias de familiares y amigos

La mayoría de nuestros amigos y familiares van a sus médicos, especialistas y dentistas, o incluso pagan sus facturas telefónicas en persona, en su operador de telefonía móvil.

Al revisar la lista de clientes potenciales, le
recomiendo que llame a sus amigos y
familiares y les pregunte el nombre de las
oficinas que visitan. Infórmeles que no
busca una referencia, solo quiere nombres
de lugares locales a los que pueda contactar
por su cuenta.

Es posible que estas oficinas ya tengan a
alguien que realiza la limpieza, y eso está
bien porque estos se convierten en lo que se
conoce en la industria como un cliente
potencial. Un cliente potencial es el nombre
de una empresa que alguien le da. Su trabajo
es hacer un seguimiento y llamar a la
empresa inmediatamente para ver si pueden
utilizar su servicio. Hay dos tipos de clientes
potenciales. El primer ejemplo es un
prospecto calificado.

Este prospecto calificado significa que una

empresa está buscando ayuda de inmediato. Pregúntele a la persona que le dio el cliente potencial si puede usar su nombre como una recomendación. Si dicen que no cuando llamas a la empresa, simplemente menciona "entiendo que necesitas a alguien para limpiar tu oficina". La segunda lista se llama prospecto/ cliente potencial. Por ejemplo, la empresa está contratando a alguien para limpiar la oficina. Tu trabajo es llamar a la empresa y hacer la pregunta número uno: ¿Estás satisfecho con tu empresa de limpieza actual? Tu objetivo es mantenerte en contacto con este cliente potencial.

Con el conocimiento de que ya tienen una persona de limpieza, puedes tomar el control de la conversación.

Pregúntales si estás satisfecho actualmente con su servicio. Si dicen que sí, están satisfechos. Pide permiso para mantenerte en contacto y consúltalos como una llamada de seguimiento cada 3 meses. Nunca te rindas.

Te sorprenderá cómo cambia el estado puede cambiar de tener ayuda a necesitar nueva ayuda. Confía en mí en está. Al hacer un seguimiento periódico cuando surja la necesidad de nueva ayuda, serás el primero al que llamen.

Además, ofrecer una limpieza gratuita puede ayudarte a conseguir algunas referencias. Este método de ofrecer una limpieza gratuita te permite preguntar si puedes usarlos como referencia.

También se pueden conseguir futuros clientes a través del Networking. Cuando empecé, no conocía el poder del

Networking. Tengo una sección completa sobre este tema.

Recuerda siempre que tu integridad está a la vista, sé consciente de cómo les hablas a las personas. Esto jugará un papel muy importante en la percepción que tengan de ti.

Nunca seas grosero ni desagradable con alguien que ha sido grosero contigo. Deja que la Regla de Oro te guíe: "Trata a los demás como te gustaría que te trataran a ti".

NOTAS

_____

_____

_____

_____

_____

_____

_____

_____

_____

_____

_____

_____

_____

_____

_____

_____

6: Secretos de Negocios

Secreto 1: Contratos

Informe a su cliente potencial que no necesita firmar un contrato. Dígale que solo necesita firmar un acuerdo mutuo de 30 días. Explíquele que un acuerdo de 30 días es para ambas partes porque si alguno de ustedes desea rescindir este acuerdo escrito, acuerdan avisarle mutuamente con 30 días de anticipación. Este nivel de confianza de su parte se convierte en una gran ventaja. Dé al cliente la opción de usar sus servicios **semanalmente, quincenalmente, mensualmente o según sea necesario.**

Secreto 2: Seguimiento

Debe, debe, debe llamar a su cliente al día siguiente de haber limpiado su. No llames antes de las 11:00 a.m. porque quieres darles la oportunidad de entrar a la oficina y permitirles hacer su propio recorrido.

Es importante preguntar si tuvieron la oportunidad de revisar el trabajo de limpieza y si están satisfechos.

Secreto 3: Responsabilidad

Asegúrate de que tú y tu cliente sepan que nadie es perfecto. Por lo tanto, asegúrate de decirle a tu cliente que si ve algo, o enfatiza algo, que le desagrade, que te llame y lo solucionarás.

Secreto 4: Mantenerse en contacto

Mantente en contacto periódicamente con clientes potenciales haciendo un seguimiento con una llamada telefónica cada tres meses. Esto les ayudará a recordar quién eres y te dará la oportunidad de preguntarles si puedes darles una visita para conocerlos.

Conocerlos se convertirá en una gran herramienta de marketing. Explícales la razón por la que es importante que te conozcan a pesar de no necesitarte en este momento: si en el futuro sus necesidades cambian, sentirán que ya te conocen.

Esto es crucial para construir una relación con un cliente potencial. Recibí nuevos clientes con esta técnica de reunión. Me ofrecí a reunirme con ellos en su oficina e hice un recorrido de cinco minutos. Es cierto que a veces puede llevar un tiempo, pero cuando su situación cambió, mi nombre y número estaban a su alcance. El hecho de que me conocieran previamente significaba que sentían que ya me conocían.

Secreto 5: Ofrece una limpieza gratuita

La limpieza gratuita mostrará tu gran

calidad. Esto siempre es útil para aquellos clientes potenciales que no están seguros de si quieren o necesitan un servicio de limpieza.

Secreto 6: Llaves

Nunca ponga la dirección de un cliente en una etiqueta para llave. Informe al cliente que, por su seguridad, solo su nombre aparecerá en la llave, en caso de que se pierda.

Secreto 7: Puerta

Este consejo lo hará o lo arruinará... Siempre revise la puerta cuando haya terminado. Después de cerrar la puerta con llave, verifique que esté bien cerrada. Su peor pesadilla es que el cliente lo llame a la mañana siguiente y le diga que dejó su oficina sin llave. Esto le sucedió a uno de

mis empleados, y tuvimos suerte de que nos
dieran otra oportunidad.

Secreto 8: Número de teléfono

Siempre pídale al cliente su número de
celular. Esto es importante, especialmente
en caso de emergencia. Tendrás su número.

Secreto 9: Redes

Esta es la manera más efectiva de hacer
crecer tu negocio. Más información sobre
este tema cuando leas el capítulo sobre
redes.

Secreto 10: Gratitud

Desarrolla un espíritu de agradecimiento a
diario. Esta actitud mágica te traerá mucho
éxito

NOTAS

7: Consejos para clientes

Hay muchos consejos que me gustaría ofrecerte. Sin embargo, ten en cuenta que podrías pensar en algunos que no estén incluidos.

Consejo 1: Oferta gratuita

Otra oferta gratuita puede ser (por ejemplo) limpiar la oficina y, si no están satisfechos, obtener una limpieza gratuita.

Consejo 2: Precio

Si alguien dice que tu precio es demasiado alto, pregúntale qué precio tiene. Luego, iguala su precio. Esto realmente funciona.

Consejo 3: Volantes

Crea volantes coloridos que destaquen cuando los entregues a clientes potenciales. Asegúrate de que tu número telefóno está incluido.

Consejo 4: Solicitar

Al repartir folletos en parques corporativos, si ve un letrero de "no solicitar", tiene dos opciones. En un bloc, escriba el nombre y el número de la oficina y envíe el folleto por correo, o entre y pida amablemente su número de fax y envíe el folleto por fax. Esta opción es más rentable. (Nota: no todos tienen fax, es posible que quieran que les envíe la información por correo electrónico)

Consejo 5: Llamar

También puede simplemente llamar y presentar su servicio de limpieza y ver si lo necesitan. Si no lo necesitan, obtenga su número de fax (o dirección de correo electrónico) y envíe un folleto por fax o correo electrónico para sus futuras necesidades.

Consejo 6: Conductos de correo en las puertas

Muchas oficinas tienen conductos de correo El número está incluido en sus puertas. Esta es una manera fácil de colocar su folleto, tarjeta de presentación o correo dentro del conducto de correo.

Consejo 7 - Alarmas

Para las oficinas que tienen alarmas, solicite que le asignen los últimos 4 dígitos de su número de teléfono como código. Esto es muy importante, ya que no querrá que lo culpen por no activar la alarma si alguien más entra. También le da a su cliente una sensación de seguridad de que siempre sabrá cuándo está en la oficina.

Consejo 8 - Frecuencia

A veces, los clientes potenciales nunca han considerado contratar a un profesional para que limpie su oficina. Sugiérales que comiencen una vez al mes por un precio muy asequible. Esta sugerencia ayuda porque algunos pueden pensar que tienen que firmar un compromiso semanal

Consejo 9 - "No"

A veces, cuando hablas con un cliente potencial, este suele decir que no, pero si la persona con la que habla se equivoca, cogerá el teléfono y te llamará. Así que recuerda que un NO ahora no significa un NO para siempre.

Consejo 10 - Llaves

Coloca la llave de la puerta del cliente en un llavero con cordón y téntelo alrededor del cuello. A veces las puertas se cierran de golpe y te quedas fuera, lo sé por experiencia.

NOTAS

8: Como fijar precios

- Cuando compré mi libro electrónico, me dijeron que cobrara $45.00 dólares por limpiar una oficina. Entonces, el primer cliente que me preguntó cuánto costaría limpiar su oficina, inmediatamente, con confianza, dije $45.00 dólares. El abogado dijo: "¡Qué locura! ¡Es demasiado dinero!". Estaba asustada y sorprendida de que el precio no fuera el que él quería. Solo Dios puso estas siguientes palabras en mi boca. "Señor, ¿cuánto le gustaría pagar?". Dijo 25 dólares. Dije que estaba bien, lo haré por 25 dólares. Él dijo: "Espere un minuto, ¿tiene alguna experiencia? ¿Tiene alguna referencia?". Cuando dije que NO, dijo: "No importa". Por la gracia de Dios, dije: "*¿Qué tal si limpio su oficina y si está contento con mi limpieza, me paga?* Si no está contento, se queda con su oficina limpia y de gratis.

Damas y caballeros, nunca miré atrás. Limpié su oficina y tuve mi primer cliente y una recomendación para otros clientes. ¡Estaba tan feliz! Conseguí mi primer cliente en menos de dos semanas. ¡Usted también puede!

La historia que compartí con ustedes es importante. Ningún precio está grabado en piedra. Siempre tengan la mente abierta a preguntar cuánto están dispuestos a pagar. Son nuevos en el negocio. Necesitan clientes. Necesitan referencias. Así que, al principio, puede que tengan que usar el sentido común para poner en marcha su nuevo negocio.

- Los precios que mencionó pueden variar de un estado a otro.

- Los precios pueden variar según el tamaño de la oficina.

- El precio puede variar de todas alfombras para todas las losas.

- El precio puede variar desde diario, semanal, mensual o quincenal.

Si la oficina se limpia una vez a la semana, puede cotizar, por ejemplo, $45.00 dólares por limpieza. Si quieren que se limpie quincenalmente, el precio puede ser de

$55.00 dólares por visita. Si quieren que se limpie la oficina una vez al mes, puede fijar el precio en $65.00 dólares.

Precio de $45.00 dólares

La oficina pequeña más común en algunos parques corporativos. Esta oficina se puede limpiar semanal o quincenalmente. Tendrá un baño y alrededor de 3 o 4 oficinas privadas pequeñas. Todos los pisos están alfombrados, excepto el baño y la cocina.

Precio de $65.00 dólares

La oficina es todo lo anterior, además de dos baños, una amplia
sala de conferencias, una sala de descanso más grande (cocina) y de 5 a 6 oficinas más.

Precio de $100.00

La oficina es todo lo anterior y tiene 8

oficinas pequeñas. Toda la oficina tiene piso de losa, lo que requiere barrer y trapear, y siempre le llevará más tiempo terminar.

Una excelente tarifa actual es de aproximadamente $0.26 a $0.46 por pie cuadrado. Un buen ejemplo es dividir los pies cuadrados totales entre el precio total para obtener el pie cuadrado.

Los precios que mencioné anteriormente le permitirán una gran flexibilidad para bajar el precio cuando lo necesité. ¿Recuerdas mi historia donde bajé el precio a $25.00 de los $45.00 originales y conseguí mi primer cliente? No tenga miedo de preguntar cuánto están pagando actualmente para limpiar la oficina.

NOTAS

9: Servicio de Coaching para ti

Cuando compré mi libro electrónico, desearía haber tenido la posibilidad de llamar a alguien a medida que surgieran preguntas adicionales.

Por una pequeña tarifa de coaching de $99.00 dólares, puedes tener acceso a mí para responder a tus preguntas y brindarte orientación. Esta tarifa incluye dos sesiones de 30 minutos. En las etapas iniciales de tu nuevo negocio, recomiendo registrarse por un mínimo de un mes para recibir ayuda en la construcción de tu nuevo negocio. Este servicio es una gran extensión del libro electrónico y el video. En caso de que tengas preguntas sobre cómo manejar una situación de limpieza, cómo contactar a un cliente potencial o algo similar

y tan simple como comparar productos de limpieza, la tarifa de asesoría bien vale su valor. Puedes llamarme, enviarme un correo electrónico o un mensaje de texto con tus preguntas.

Puedes suscribirte ahora si no aprovechaste la oferta cuando compraste tu libro electrónico.

Solo tienes que ir a nuestro sitio web www.goodescleaning.com e iniciar sesión ahora.

NOTAS

10: DESARROLLO DE RELACIONES

A la gente siempre le gusta hacer negocios con quienes conoce, con quienes le agradan y en quienes puede confiar. Estas son las reglas para desarrollar una relación comercial.

A continuación, se enumeran algunos aspectos a tener en cuenta al construir sus relaciones comerciales.

- Sea respetuoso.

- Sea cortés.

- Sea consciente de lo que dice.

- Guárdese sus asuntos personales para usted mismo.

- Tenga una buena actitud tanto en persona como por teléfono.

- Nunca discuta (especialmente si no está de acuerdo).

- Desarrollando relaciones

- Sé un buen oyente.

- Pregunta cómo puedes mejorar el servicio anterior.

- Invite a otros dueños de negocios a una reunión para tomar un café (Más sobre esto en el capítulo). Networking

- Nunca tomes nada de ninguna oficina, esto incluye clips, dulces, comida, bebidas, papel, productos y dinero.

- Siempre intenta agregar valor a tu servicio. Por ejemplo, señala algo extra que limpiarás sin cargo adicional, como desinfectar teléfonos, pomos de puertas o interruptores de luz.

NOTAS

11: CÓMO CULTIVAR LAS CONVERSACIONES TELEFÓNICAS

En la década de 1970, solíamos decir "deja que tus dedos caminen". Este era un eslogan utilizado por la compañía telefónica cuando la gente buscaba en las páginas amarillas, un directorio telefónico, para encontrar un número de teléfono. Hoy en día usamos Google para encontrar números de teléfono y contactos. Te recomiendo que hagas llamadas telefónicas de martes a jueves a clientes potenciales. En mi experiencia, los clientes de los lunes y los viernes no suelen ser tan receptivos. Los lunes están ocupados comenzando su semana y los viernes están terminando la semana y listos para comenzar el fin de semana. Llama a un cliente potencial en lugar de llamar a su puerta. Te prometo que puedes hacer más llamadas sentado en la comodidad de tu casa por día de lo que puedes caminar.

Todas las noches, antes de irte a dormir, visualiza y concéntrate en lo maravilloso que será el mañana. Escúchate decir: "claro, ¿a qué hora te gustaría que vaya y te dé un precio por limpiar tu oficina?"

Cuando trabajaba en ventas hace años, nos animaban a tratar nuestras visitas diarias de ventas como un juego de números. Decide con anticipación cuántas llamadas harás diariamente; mi sugerencia amistosa es hacer 25 llamadas. Este número mágico te mantendrá en el camino correcto para hablar con al menos 10 personas. Descubrirás que, de las 25 llamadas, algunas personas pueden estar almorzando o ausentes durante el día. Es posible que otras no puedan atender el teléfono, etc. Crea siempre una mentalidad amigable antes de hablar el teléfono. Sonreír al hablar por teléfono ayuda.

Cada vez que marques un número, sé optimista de que necesitan tu ayuda.

Pide hablar con el gerente de la oficina y, si está fuera de la oficina, solicita su nombre y vuelve a llamar preguntando por él por su nombre.

Pide permiso para consultar periódicamente en caso de que su estado cambie.

Solicita su número de fax o dirección de correo electrónico para proporcionarles tu folleto.

No importa lo desanimado que estés, recuerda que hay un sí ahí fuera esperándote.

Ejemplos de conversaciones telefónicas: Sí

Buenos días (tardes). Mi nombre es _____ con _____ y tengo un servicio de limpieza. ¿Puedo hablar con el gerente de la oficina?

Hola, gerente de la oficina_____ (use su nombre). Mi nombre es_____ y tengo un servicio de limpieza. Nos enorgullecemos de hacer un gran trabajo, no de vez en cuando, sino en cada visita.

Pregunta: ¿Actualmente limpia su oficina?

Si responden que sí, continúe con la siguiente pregunta.

¿Está satisfecho con su empresa actual?

Si la respuesta es sí, responda:

¡Genial! Le agradecería que me permitiera enviarle un fax o envíe por correo electrónico la información de mi empresa (su folleto y carta de muestra) en caso de que su estado futuro cambie.

Gracias. (Fin de la conversación) Cree una lista de nombres de empresas a las que envió por correo electrónico o fax su folleto y carta de muestra.

Ejemplos de conversaciones telefónicas:
No

¿Actualmente tiene su oficina limpia? Si la respuesta es no a la pregunta anterior, su respuesta puede ser:

Con la preocupación de salud de todos por el Covid 19, me gustaría programar una cita de diez minutos con usted para compartir no solo lo asequible que es mi servicio de limpieza, sino también lo importante que se ha vuelto mantener un ambiente limpio.

Si dicen que no a la cita de los 10 minutos, pregunte si puedo enviarle información por fax o correo electrónico en caso de que su situación cambie en el futuro. No olvide pedir la dirección de correo electrónico o el número de fax.

Gracias, que tenga un buen día.

Diferentes ejemplos de conversación

Me encantaría hacer negocios. ¿Puedo ir a visitar su oficina?

Si dicen que no,

1. Diga que solo me gustaría reunirme con usted sin obligaciones. Entonces, en caso de que su estado cambie en el futuro, tendrá mi número y se sentirá como si no estuviera hablando con un extraño.

2. Entiendo que en este momento no necesita un nuevo servicio, sin embargo, con su permiso, ¿puedo mantenerme en contacto periódicamente en caso de que su estado cambie?

3. ¿Puedo darle un presupuesto gratuito sin compromiso por su parte?

4. Si hubiera algo que le gustaría mejorar de su servicio actual, ¿qué sería?

5. ¿Consideraría dejarnos limpiar el miércoles para comparar nuestra calidad?

NOTAS

12: INFORMACIÓN SOBRE LICENCIAS, SEGUROS Y FIANZAS

Tan pronto como tomé la decisión de crear mi empresa de limpieza, inmediatamente pensé en un nombre para mi empresa. La sugerencia de nombre más fácil es tu nombre o apellido. Por ejemplo, usé mi apellido Goode's Cleaning. Ingresé en línea a mi estado para confirmar que el nombre que había seleccionado no estaba siendo utilizado por otra empresa comercial. Una vez que obtuve el nombre de mi empresa, fui a IRS.Gov para obtener un número de identificación fiscal federal para mi empresa.

Fui al banco con mi número de identificación fiscal federal y documentos comerciales para abrir mi cuenta bancaria. Elegí hacer esto porque quería mantener la cuenta comercial separada de mi nuevo negocio.

Sin embargo, puede optar por empezar con algo pequeño y pedirle a su cliente que haga sus cheques a su nombre. A medida que crezca, podrá tomar otras decisiones comerciales más adelante. Puede usar su número de seguro social en lugar de un número de identificación fiscal.

Le recomiendo que obtenga una licencia comercial inmediatamente; debe renovar su licencia cada año. Para obtener una licencia, diríjase al recaudador de impuestos de su condado local y regístrese. Por lo general, hay una pequeña tarifa. No todos los pueblos, ciudades o condados requieren una licencia, pero es mejor saber de antemano qué se requiere.

Una vez que haya obtenido algunos clientes regulares, querrá invertir en responsabilidad civil y seguro de fianzas. Estos seguros, como la licencia comercial, requieren renovaciones anuales.

Es importante adquirir un seguro de responsabilidad civil en caso de que usted o un empleado rompan algo de valor; entonces puede presentar una reclamación. Además, recomendamos crear un pequeño fondo en el futuro, de entre $200.00 y $500.00 dólares, para reemplazar los artículos que no sean tan valiosos. Es importante considerar esta recomendación en lugar de presentar una pequeña reclamación por responsabilidad civil. El seguro de fianza es el menos costoso, ya que cuesta menos de $200.00 dólares al año. El seguro de fianza solo se utiliza cuando un cliente lo acusa a usted o a un empleado suyo de robar algo. La carga de la prueba siempre recae en el acusador, a menos que haya visto a la persona robar o tenga un video que pruebe el robo; es muy difícil que el acusador gane el caso.

Puede haber dos opciones para comprar un seguro. 1. Comprar su seguro inmediatamente o ahorrar en gastos. 2. Puede optar por comprar un seguro de responsabilidad civil y un seguro de fianza cuando su primer cliente lo solicite. Llame a un agente local y visite su oficina para pagar su depósito y firmar algunos documentos. Inmediatamente se irá con su nueva compañía asegurada. En el futuro, cuando un cliente solicite un comprobante de seguro, su agente puede enviarles una copia por fax o correo electrónico tanto a usted como a su nuevo cliente

NOTAS

_____

_____

_____

_____

_____

_____

_____

_____

_____

_____

_____

_____

_____

_____

_____

_____

_____

_____

_____

_____

_____

_____

_____

_____

_____

_____

_____

13: OBTENER AYUDA A TIEMPO PARCIAL AYUDA

Inicialmente, puede que pueda limpiar todas las oficinas usted mismo, pero ¿qué sucede a medida que su negocio crece? Al principio, puede pedirle ayuda a su cónyuge, hijos, mejor amigo y otras personas. Las personas que elija para representar a su empresa de limpieza deben ser personas en las que confíe. No recomiendo que contrate ayuda al principio hasta que sea lo suficientemente inteligente como para hacer una buena selección de empleados. Una vez que esté listo para un empleado, puede comprar solicitudes en una tienda de suministros de oficina. El solicitante debe completar una solicitud y usted debe verificar sus referencias. Tenga en cuenta que las personas que trabajan para usted representan a su empresa y si roban o dañan la propiedad, puede perder un cliente.

Esté preparado cuando tenga que limpiar una oficina grande o un conjunto de oficinas, ya que tendrá que conseguir ayuda o solicitar tiempo de acceso extendido para limpiar las oficinas

Cuando conseguí mi primer trabajo grande de limpieza, pedí acceso a las oficinas desde las 6 p. m. del viernes hasta las 6 a. m. del lunes. ¿Recuerdas que cuando empecé, hacía toda la limpieza con mi esposo? Una vez que consigas ayuda, tendrás que determinar la hora límite en la que debe realizarse la limpieza. Si ahora tengo un trabajo de fin de semana, les digo a mis empleados que deben limpiarlo a más tardar a las 7 p. m. del sábado. Esta es una decisión importante, especialmente si tu empleado tiene una emergencia. Te dará a ti, el propietario, tiempo adicional para limpiar la oficina antes de las 6 a.m. del lunes.

NOTAS

14: MATERIALES COMERCIALES NECESARIOS

Compre tarjetas de índice de 3 x 5 y úselas para documentar todas sus llamadas telefónicas.

Fecha:
Nombre de la empresa:
Nombre del contacto:
Dirección:
Teléfono:
Correo electrónico:
Comentarios:

Siempre escriba la fecha en la tarjeta cuando haga llamadas adicionales para dar seguimiento a clientes potenciales.

Indique todos los comentarios de la conversación.

Al hacer una llamada de seguimiento, es muy importante leer sus comentarios escritos anteriores antes de realizar la llamada.

Compre papel de colores brillantes para hacer folletos que capten la atención. Al final de esta sección se proporciona un ejemplo de un folleto y una carta para clientes potenciales.

Asegúrese de cambiar el nombre de la empresa y la información de contacto.

Compre papel blanco para fotocopiadora para la papelería de su empresa. Necesitará esta papelería blanca al escribir una propuesta de limpieza.

Puede comprar una computadora o portátil económica en la mayoría de las grandes tiendas. También puede contactar con un servicio que le proporcione, según sea necesario, cualquier documento que necesite crear. Por último, la biblioteca le permitirá usar su computadora gratis.

Impresora/Fax (puede comprar versiones económicas de dispositivos dos en uno en grandes tiendas y tiendas de descuento, generalmente por menos de $75.00). Estos dispositivos dos en uno le brindan la capacidad de imprimir facturas, imprimir presupuestos estimados, imprimir el alcance

de los servicios de limpieza y también
imprimir folletos

Recomiendo la función de fax porque puede
enviar el folleto de su empresa por fax a
cientos de empresas en lugar de ir de oficina
en oficina repartiendo los folletos.

Cartuchos de tinta (serán necesarios para la
impresora)

También puede considerar el uso de
aplicaciones de teléfono que le permitan
hacer todo lo anterior

Una opción popular es registrarse en una
excelente aplicación llamada Square. Esta
aplicación te permitirá facturar a tus clientes
y aceptar sus tarjetas de crédito para pagos a
través de tu teléfono móvil.

Tarjetas de presentación (puedes pedirlas en línea a un precio razonable o llamar a una imprenta local).

Se puede usar un Ledger de contabilidad con un mínimo de 4 columnas para mantener un registro de todas las facturas pendientes y pagadas de los clientes. Consulta las imágenes a continuación.

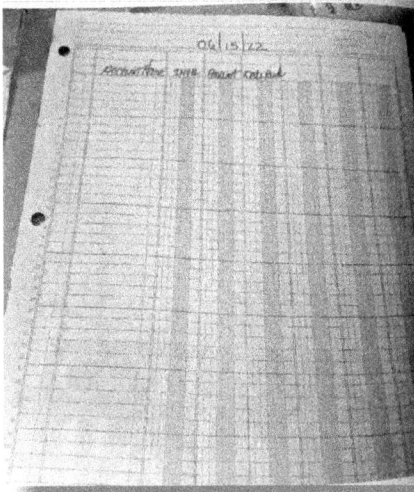

Use carpetas en blanco de 8 x 11 pulgadas
para mantener la información del cliente.

Use un cuaderno de 5 x 4 pulgadas (para
mantener todas las llamadas entrantes
registradas por fecha de recepción)

Clips para papel

Materiales de negocio necesarios

Bolígrafos y lápiz (bolígrafo rojo para registrar los pagos recibidos)

Tijeras

Calendario

Almohadilla (Inkpad) de tinta con cuenta bancaria solo para depósito (puede obtener uno personalizado a través de su banco)

Bloque de notas adhesivas de colores (es muy útil para escribir notas recordatorias rápidas)

Cinta adhesiva

Volante [flyer] de muestra

Servicios de limpieza Goode

Revise los marcos de fotos y los marcos de las puertas.
Si ve POLVO, considere la posibilidad de hacerlo. No
escatimamos en gastos, los limpiamos.

NO SE REQUIEREN CONTRATOS
LLAME AL (888) 123-4567 O AL (888) 123-4567
Con licencia y seguro

DIARIO ● SEMANAL ● MENSUAL

ASPIRADO	PULIR MUEBLES
BARRIDO	BAÑOS
TRAPEADO	INTERRUPTORES DE LUZ
VACIADO DE BASURA	COCINA/MICROONDAS
QUITAR EL POLVO	MANIJAS DE LAS PUERTAS
SILLAS	SALA DE CONFERENCIAS
MARCOS DE FOTOS	MAMPARA DE VIDRIO
DESINFECTAR TELÉFONOS	LIMPIAR LAS VENTANAS
ARCHIVADORES	VIDRIO DE LA PUERTA PRINCIPAL
ESCRITORIO	ESPEJOS LIMPIOS
FUENTES DE AGUA	LÁMPARAS PARA POLVO

Carta de muestra para nuevos clientes potenciales
EMPRESA DE LIMPIEZA A B C
Dirección 123 Línea Ciudad, FL 11111
www.ABC.com
abst.gmail.com

85

Carta de muestra para nuevos clientes potenciales

EMPRESA DE LIMPIEZA A B C
Dirección 123 Línea Ciudad, FL 11111
www.ABC.com
abst.gmail.com

Carta de muestra para nuevos clientes potenciales

Como propietario de un negocio, usted gasta mucho tiempo y dinero desarrollando una base de clientes. Estoy seguro de que desea conservar a sus clientes actuales, así como conseguir nuevos clientes.

Cuando sus clientes entren por la puerta, siempre debe querer que entren en una oficina limpia y bonita.

Las oficinas polvorientas y que no se mantienen limpias son una monstruosidad. Lo último que desea es que sus clientes entren en un baño sucio o en un área de recepción polvorienta; esta falta de limpieza se refleja en usted, el propietario del negocio.

Recomendamos la limpieza de su oficina semanalmente, quincenalmente o como mínimo una vez al mes. Las primeras impresiones son duraderas. Las áreas de recepción, los baños, las salas de examen, la oficina privada o la sala de conferencias donde se reúne con un cliente. Mantener estas áreas limpias en todo momento es lo que le ayudamos a hacer

Llame hoy para obtener un presupuesto gratuito de las necesidades de limpieza de su oficina

NOTAS

15: INFORMACIÓN ADICIONAL PARA EL CLIENTE

Me gustaría compartir con usted un incidente
sobre un cliente. Nunca olvidaré cuando un
nuevo cliente potencial me dio su cuenta de
limpieza. El cliente dijo que me seleccionó a mí
sobre todos los demás, a pesar de que era nuevo
en la limpieza, porque al explicar cómo
limpiaría, mencioné que desinfectaba los
teléfonos. Hasta el día de hoy, me aseguro de
que todo mi personal de limpieza desinfecte los
teléfonos de nuestros clientes. Hoy, debido a la

COVID-19, asegúrese de informar a los clientes que, como parte de su limpieza regular, siempre incluirá la desinfección de teléfonos, interruptores de luz y todas las manijas de las puertas. Esto debería crear una oportunidad adicional para un nuevo cliente

Algunos clientes solo quieren que limpies su oficina durante su horario laboral de 9 a 5. A menudo, no quieren confiarle una llave a alguien. Otras veces, querrán que solo limpies durante el fin de semana. Sea cual sea el día o la hora en que soliciten tus servicios de limpieza, si no quieres perder al cliente, tendrás que limpiar durante el horario solicitado. Si este es tu trabajo a tiempo completo, esto no presentará ninguna dificultad. Sin embargo, si comienzas el negocio a tiempo parcial y tú personalmente no puedes limpiar, es posible que tengas que contratar a alguien para que limpie en tu nombre. A veces, es posible que te pregunten quién hará la limpieza. Simplemente sé honesto y di si eres tú quien va a limpiar y, si no, di con orgullo que será uno de mis empleados.

Te recomiendo que sugieras limpieza de una oficina, ya sea semanal, quincenal o como mínimo una vez al mes. Por supuesto, si va a reemplazar un servicio, pregunte qué día quieren que limpie.

NOTAS

16: CONSEJOS PRÁCTICOS DE LIMPIEZA

Información para ayudarte a navegar cómo limpiar oficinas.

Método de limpieza de izquierda a derecha

Limpia de izquierda a derecha. Este es un concepto que mantendrá un alto nivel de servicio. Limpiar de izquierda a derecha es como leer un libro; no se empieza a leer por el lado derecho de la página y luego se lee la página izquierda. Este método de izquierda a derecha eliminará la posibilidad de pasar por alto diferentes áreas. Más importante aún, este procedimiento garantizará el control de calidad de su parte.

Una manera fácil de asegurar el método de izquierda a derecha.

Entra en cualquier habitación y, comenzando
por la izquierda de la habitación, avanza por ella. Cuando llegues al final del lado derecho de la habitación, deberías haber terminado con toda la limpieza.

Escritorio

A veces, un cliente te solicitará que, bajo ciertas circunstancias, limpies un escritorio. También es posible que te digan que nunca limpies ningún escritorio. Esta solicitud no es la norma, pero debes respetar sus deseos

Al limpiar cualquier escritorio, levante con cuidado los papeles o cualquier objeto como una grapadora, un bolígrafo, un calendario de escritorio, etc. Limpie el escritorio y coloque inmediatamente el objeto EXACTAMENTE donde lo encontró. Esto es lo más importante que debe aprender al limpiar todos los escritorios. No querrá que lo culpen por extraviar algo que pueda

molestar al cliente.

Sacar la basura

Los botes de basura están el 90% del tiempo debajo del escritorio. Al limpiar el escritorio, saque la basura y, al mismo tiempo, siga siempre esta regla. Esto es parte del procedimiento de izquierda a derecha. Capacite a cualquier persona que contrate para que lo haga de la misma manera. La razón por la que siempre debe usar este método para sacar la basura cuando y donde sea que esté el bote de basura es que si no lo hace cuando ve el bote por primera vez, puede olvidarse fácilmente de él más tarde. Esta es la queja número uno de los clientes que recibo.

En mi experiencia, siempre coloque varias bolsas de basura dentro del bote, esto le ayudará a no perder tiempo buscando una bolsa cuando esté sacando la basura. Además, si solo limpia la oficina quincenalmente o mensual el cliente agradecerá su consideración por tener bolsas de basura en el bote para su conveniencia

Nota IMPORTANTE: Cuando limpie el consultorio de un médico o dentista, nunca tire basura en una bolsa ROJA. Es importante no tirar este tipo de basura porque las bolsas rojas de riesgo biológico contienen desechos médicos contagiosos o peligrosos. Todos los centros médicos contratan a contratistas especiales para recoger estas bolsas. Nunca debe depositar nada más en estos contenedores que tienen bolsas rojas, por ejemplo, papel o clips, ya que le costará dinero a su cliente.

Computadoras

¡No toque las computadoras! Esto es importante. No limpie las pantallas de las computadoras; sin embargo, está bien limpiar el soporte de la computadora porque suelen ser negros y acumulan mucho polvo.

Sillas

Después de limpiar un escritorio, limpie los brazos y el cojín de la silla en cada visita. Las patas de la silla se pueden limpiar cada dos o tres meses.

Sala de conferencias

Muchas oficinas tienen una sala de conferencias. Asegúrese de limpiar esta sala en cada visita de limpieza. Esta sala se utiliza cuando los clientes vienen de visita. No olvide limpiar los brazos y los cojines de las sillas.

Bordes/marco de las ventanas

Siempre limpie los marcos de las ventanas en todas las oficinas.

Cocina

Muchas oficinas tendrán una cocina pequeña. A continuación, se muestran los elementos a tener en cuenta. Recuerde sacar la basura de la cocina.

Mesa

Limpie y desinfecte con un limpiador multiusos.

Platos

Puede encontrar una taza o un plato sucio; como cortesía, puede lavarlos para el cliente.

Microondas

Siempre rocíe un limpiador multiusos para desinfectar el interior y eliminar todos los olores a comida. Abra la puerta y limpie completamente la parte superior, los lados, la parte inferior y la puerta de vidrio por dentro y por fuera. Siempre lave el vidrio plato giratorio, incluso si parece limpio.

Topes de cocina

Límpielo con un limpiador desinfectante.

Fregadero

Lave el fregadero y, si es de acero inoxidable, séquelo muy bien y rocíe un limpiador de acero inoxidable en su trapo para púlalo.

Baño

Inodoros

Desinfecte los inodoros, limpie el asiento por ambos lados, limpie la parte superior del tanque, la base del inodoro y la manija del inodoro, y nunca olvide limpiar las perillas inferiores por ambos lados.

Portarrollos de papel higiénico

Cuando se tira del papel higiénico, tiende a dejar un residuo de polvo en ambos lados del portarrollos y en la parte superior del mismo; una simple pasada bastará.

Asegúrese siempre de que el portarrollos de papel higiénico tenga suficiente papel; además, deje dos rollos llenos de papel higiénico en todos los baños.

Lavabos de baño

Hágalo siempre después de haber limpiado el inodoro y no olvide lavar los grifos; luego, límpielos con un trapo seco para que brillen.

Placa del interruptor de luz

Siempre limpie y desinfecte.

Perillas de las puertas

Utilice siempre un trapo para limpiar y desinfectar.

Espejo del baño

Haz esto al final. Si los limpias primero, te prometo que se mancharán con agua al usar el lavabo para mojar el trapo.

Barrer

Siempre barre el baño primero antes de empezar a limpiar. Barrer primero evitará que los pisos se mojen mientras lavas y limpias cualquier área.

Trapear

Esto debería ser lo último que hagas en todos los baños.

Puerta frontal de vidrio

Usa un trapo para limpiar por dentro y por fuera con un limpiacristales o agua corriente.

Disiones de vidrio

Limpia según sea necesario y usa un limpiacristales o agua corriente.

Aspirar

Después de limpiar un área, aspira para salir de la habitación. Al aspirar, siempre levanta los cables de la computadora debajo del escritorio, con una mano levanta suavemente los cables y con la otra, aspira debajo del escritorio.

NOTAS

17: PRODUCTOS Y SUMINISTROS

Los trapos de microfibra son muy recomendables; cómprelos en tiendas de descuento o grandes superficies para obtener los mejores precios. Son ideales para limpiar todo: escritorios, baños, vidrios de cocina, etc.

Un trapo de microfibra para el polvo es una excelente opción como parte de sus suministros de limpieza; este trapo es bueno para usar, seco, húmedo o mojado.

El trapo de microfibra es tan efectivo que puede mojarlo, aplicarle aerosol para acero inoxidable, o cualquier desinfectante o abrillantador de muebles, y usarlo para limpiar cualquier superficie dura. Siempre lave los trapos de microfibra con lejía para desinfectarlos.

Cuatro botellas de spray vacías son necesarias que en su negocio de limpieza tendrás múltiples usos para las botellas rociadoras.

1. Use una para lejía y siempre coloque un guante desechable de plástico sobre el chorro de rocío, ya que puede derramar un poco al caminar de un área a otra. Use la lejía para inodoros en mal estado o lavabos.

2. Use limpiadores y desinfectantes multiusos. Hay muchos para elegir.

3. Use un limpiador de pisos con aroma a lavanda. Coloque una tapa llena en su balde de agua y fregué bien. Puede usar este aroma a lavanda en pisos duros y azulejos. Esta fragancia de lavanda se convertirá en su marca registrada, huele de maravilla. Si usa demasiado, los pisos se volverán pegajosos y la fragancia será demasiado fuerte. (No

use el líquido de lavanda en pisos de madera. Use solo productos hechos específicamente para pisos de madera).

4. Se puede usar limpiacristales o agua simple para espejos, puertas de vidrio, etc.

Otros suministros:

- Piedra pómez (usar para manchas en inodoros).
- Guantes desechables.
- Abrillantador de muebles.
- Limpiador en polvo.
- Limpiador de acero inoxidable (usar para fregaderos y refrigeradores de acero inoxidable). Rocíe directamente sobre el trapo, no sobre el electrodoméstico.
- Desinfectante de manos: manténgalo en su auto. Úselo después de cada limpieza de oficina.
- Vacío
- Escoba
- Trapeador
- Recogedor
- Cubo para trapear
- Escobilla de baño / Porta escobilla

Máquina para pisos. Puedes comprar una máquina para pisos por menos de $100.00 en una gran tienda, pero no te recomiendo que lo hagas al principio. Espera hasta que consigas una cuenta que tenga mucho trabajo de limpieza. Una máquina para pisos es ligera y hace un gran trabajo, y puedes usarla en lugar de una escoba.

Estuche de plástico para guardar tus botellas de spray y productos de limpieza.

NOTAS

18: FACTURACIÓN/ FACTURAS

Sus clientes casi nunca le pagarán en el momento en que limpie su oficina. La mayoría de las empresas le pedirán que envíe una factura. Acostúmbrese a crear sus facturas constantemente los días 15 y 30 de cada mes y envíelas por correo electrónico para ahorrar gastos de envío.

Compre un bloc de contabilidad. Se proporcionan ejemplos en el Capítulo 14: Materiales comerciales necesarios. Puede encontrar uno en cualquier sección de suministros de oficina de las grandes tiendas. Asegúrese de que el que elija tenga cuatro columnas.

Esto le resultará invaluable. Es importante realizar un seguimiento de cómo ingresa su dinero. Puede recibir un cheque por correo y luego ir directamente al banco y depositarlo

Sin embargo, si no registra el pago, olvidará quién pagó y cuándo le pagaron. Será vergonzoso llamar a un cliente para solicitar el pago y que le diga que el cheque se envió hace dos semanas. Si no lleva un registro de quién ha pagado y quién no, se convertirá en un administrador de registros ineficiente (¡y perderá dinero!).

A medida que su base de clientes crezca, verá el valor de este sencillo sistema de facturación.

Conserve los recibos de todos los gastos, por ejemplo, de productos de limpieza.

Obtenga un 8 1/2 x 11 sobres dorados. Etiquete el exterior del sobre con el nombre de su empresa, mes y año. Coloque todos los recibos de compra y los extractos bancarios del mes actual dentro. Al final de cada mes,

Simplemente cierra el sobre y entrégaselo al contador.

EMPRESA DE LIMPIEZA A B C
Dirección 123, Ciudad de Miami, FL 11111
www.ABC.com
abs@gmail.com

PAGADO AL RECIBIRSE

Fecha
FACTURA n.º 8030
Para la empresa XYZ
Línea de dirección 222
Suite 111
Cualquier ciudad, estado 11111

DESCRIPCIÓN DEL CARGO	IMPORTE
1 oficina Cerrando el viernes 15/06/20	$75.00 por limpieza
	$75.00
IMPORTE TOTAL A PAGAR:	5.25 tax
(agregue un % de impuestos, si corresponde)	
TOTAL	**$80.25**

Después de 5 días, pague $87.75

HAGA LOS CHEQUES A NOMBRE DE ABC CLEANING

Neto a pagar al recibir. Todos los saldos no pagados dentro de los 5 días de la fecha de la factura estarán sujetos a una tasa de interés atrasada del 10 %.

NOTAS

19: IMPUESTO SOBRE LAS VENTAS

Como empresa, debe cobrar el impuesto sobre las ventas. Por ley, solo tiene que recaudar el impuesto sobre las ventas por la limpieza de oficinas, nunca por la limpieza del hogar. Debe informar y PAGAR las ventas totales del mes anterior al departamento de impuestos sobre las ventas de su estado cada mes. Consulte con su departamento estatal local para saber cuándo vence el impuesto. En mi estado de Florida, todos los impuestos sobre las ventas recaudados deben entregarse al estado antes del día 20 de cada mes para el mes anterior. Ejemplo de hoja de contabilidad en la página del apéndice.

El libro de contabilidad debe tener los elementos enumerados a continuación:

Ejemplo:

15 de diciembre de 2025

30 de diciembre de 2025

- 1.ª columna: nombre del cliente
- 2.ª columna: número de factura (siga progresando, número de factura)
- 3.ª columna: total (no incluya impuestos en el importe total)
- 4.ª columna: fecha de pago de la factura

Sume todos los importes de la columna 3 para los días 15 y 30.

Al final del mes, sume todos los importes de todo el mes, escriba el total y multiplíquelo por el porcentaje de impuesto de su estado, por ejemplo, 7.5%.

Ejemplo: Total de todo el mes $1000.00, multiplíquelo por 7.5%. El importe total recaudado sería $75.00. Ese es el importe del impuesto sobre las ventas que debe pagar al departamento de ingresos de su estado a más tardar el día 20 de cada mes.

Puede que le interese considerar un sistema de facturación digital gratuito que genere informes.

NOTAS

20: REDES DE CONTACTOS

Mi trabajo es pasar la posta y compartir lo que sé sobre redes de contactos. Las redes de contactos son una herramienta de marketing económica y eficaz para desarrollar nuevos negocios. Este método de marketing puede reemplazar la publicidad en radio y los anuncios en periódicos.

La mayoría de las empresas requieren que sus gerentes asistan a reuniones diarias o semanales de personal. Como empleado, no tienes más remedio que estar presente en estas reuniones. Como propietario de un negocio, necesitas invertir tiempo en tantos grupos de redes como puedas. De la misma manera que los gerentes estaban obligados a asistir a las reuniones de personal, necesitas

sacrificar parte de tu tiempo para hacer
crecer tu propio negocio. No consideres
Cómo iniciar un negocio de limpieza de
oficinas

Hacer networking es una tarea ardua.
Considérelo una gran oportunidad para
acelerar el crecimiento de su nuevo negocio.

Cuando comencé mi empresa de limpieza,
no sabía absolutamente nada sobre
networking. Un día, alguien me invitó a una
reunión de networking llamada BNI, una
organización nacional de networking. Fui a
la reunión temprano en la mañana y fue una
de las mejores decisiones comerciales que
tomé para el crecimiento de mi empresa.

El networking es una herramienta de
marketing importante que la mayoría de las
empresas de limpieza no aprovechan. El

networking es un proceso que le permite conocer y desarrollar relaciones con otros dueños de negocios.

Puede buscar en línea reuniones de networking en su área local área.

Le recomiendo que comience con la Cámara de Comercio. Suelen tener varios grupos conocidos como consejos que se reúnen a lo largo del mes. Cuando asista a cualquier grupo de networking, la regla n.° 1 es llevar tarjetas de presentación. Nunca debe salir de casa sin su tarjeta de presentación

La mayoría de las reuniones te animarán a llegar 15 minutos antes, y esta es una excelente práctica empresarial que debes seguir. Llegar temprano te ayuda a entrar en calor y a empezar a conocer y hablar con los demás. Una vez que comience la reunión, el anfitrión puede pedir a los visitantes que la visitan por primera vez que se pongan de pie y se presenten.

Esta es tu oportunidad de decir tu nombre, el nombre de tu empresa y agradecer a la persona que te invitó a la reunión. Un poco de networking los grupos permiten que cada persona hable sobre su negocio durante aproximadamente un minuto. Cuando sea su turno de hablar de nuevo, aquí tiene un ejemplo que puede usar:

Hola, mi nombre es John Smith, propietario de ABC Company. Limpiamos oficinas, no requerimos que firme un contrato y nuestras tarifas son asequibles. Contáctenos semanalmente, quincenalmente, mensualmente o según sea necesario.

John Smith de ABC Company (La siguiente
línea dice muy lento para causar impacto).

**NO ESCATIMAMOS LOS GASTOS,
LOS LIMPIAMOS.**

Esto es lo que se conoce como un eslogan;
hace que su empresa sea memorable.

Esto se llama un discurso de 1 minuto; es
preciso y directo. Lo he perfeccionado a
unos 23 segundos.

No hable demasiado rápido, tiene mucho
tiempo. Permita que su audiencia en la
reunión, ya sea en persona o en una reunión
virtual, escuche claramente:

- Quién es usted
- El nombre de su empresa
- A qué se dedica

- o Qué tan económico es tu servicio limpiamos)
- Crea un eslogan inolvidable

Un eslogan es una declaración de cierre por la que serás recordado.

- (mencionar asequible es una pista)
- Y al decir tu eslogan lentamente, el mío es:
  - o (No tomamos atajos, los

Networking reuniones normalmente duran 1 hora y las horas de inicio más populares son las 7:30, 8:00 u 8:30. La hora de inicio temprana es para que los dueños de negocios tengan la oportunidad de asistir a las reuniones y comenzar a trabajar no más tarde de las 9:30. Algunos grupos de networking tienen almuerzos o reuniones sociales al anochecer.

La regla número uno del networking es: "*A la gente le gusta hacer negocios con quien conoce, con quien le agrada y en quien puede confiar*". Esta importante lección lo impulsará a aumentar sus negocios. Cuando asista a los diversos eventos de networking, esté atento a ciertos tipos de negocios que puedan complementar su negocio de limpieza, como servicios a domicilio como:

- Limpieza de alfombras
- Electricistas
- Exterminadores
- Servicio de jardinería
- Pintores
- Plomeros
- Agentes inmobiliarios
- Limpieza de ventanas

Estos negocios se conocen como clientes potenciales porque sus dueños ya han establecido conexiones con sus clientes. Desarrollar una relación con estos dueños de negocios se convertirá en el vehículo que le ayudará a impulsar el crecimiento de su negocio. Seguramente conocerá a muchos otros dueños de negocios en los diversos eventos y reuniones de networking a los que asista.

Entendiendo la regla del uno a uno

La afirmación anterior de que "La gente hará negocios con personas que conoce y que le agradan y "en el que pueda confiar" comience con lo que se conoce como reuniones individuales. Las reuniones individuales son reuniones que tiene con otros dueños de negocios que asisten a los eventos de networking a los que asiste. Estas pueden ser breves citas telefónicas, reuniones en línea o citas en persona que les permiten a ambos hablar durante unos minutos sobre su negocio. Luego tendrán la oportunidad de conocerse un poco mejor.

No dude en permitir que su invitado hable primero. Tómese el tiempo para contarle sobre su familia, su empresa y, muy importante, pregunte cómo puede darle una referencia. El objetivo no es necesariamente hacer negocios entre sí, sino a través del otro, dándose referencias futuras.

Cuando asista a cualquier evento de networking, primero escuche los nombres de las empresas de suministro de energía enumeradas arriba. Anote sus nombres cuando los escuche hablar, al final de la reunión, acérquese, preséntese y solicite su tarjeta de presentación. Si se reúne a través de una reunión virtual, guarde la información de la sala de chat. En aproximadamente uno o dos días, llame a la persona y solicite una cita telefónica o en persona

Este es el comienzo del desarrollo de una relación que le ayudará a conocer más sobre la persona y su negocio. El objetivo es transmitir cómo puede ayudarle en el proceso de recomendación.

Si actualmente tiene un trabajo diurno y va a limpiar oficinas por la noche, o si es tímido y no se siente cómodo hablando y conociendo a otros personalmente, puede considerar preguntar
alguien que te represente.

Hay muchas madres que se quedan en casa y puedes entrevistar a algunas en tu vecindario local, o puedes considerar a un amigo o familiar bien hablado para que te represente en las reuniones de networking. Ofrece a quien selecciones una tarifa por hora ($10.00 dólares, por ejemplo) para que represente a tu empresa en las distintas reuniones.

Crea una tarjeta de presentación económica en una imprenta local o en línea para esta persona con su nombre, el nombre de tu empresa y tu número de teléfono. Al poner tu número de teléfono en su tarjeta, cuando alguien llame preguntando por ella, podrás identificar inmediatamente dónde la persona que llama ha oído hablar de tu empresa.

NOTAS

_____

_____

_____

_____

_____

_____

_____

_____

_____

_____

_____

_____

_____

_____

_____

_____

_____

_____

21: EL PODER DEL CAMBIO

Felicitaciones por hacer esta gran inversión tanto en ti como en tu nueva empresa de limpieza. Descubrirás que obtendrás de esta inversión independientemente de lo que inviertas. El poder del cambio es el catalizador que ya tienes porque has dado un paso de fe para convertirte en un gran emprendedor.

El poder del cambio es una mentalidad que debes utilizar a diario. Comenzará cada mañana cuando hagas llamadas telefónicas, la voluntad de no hacer llamadas telefónicas vendrá a tu mente y necesitas el poder interno de querer tener éxito en lugar de no querer hacer llamadas telefónicas.

La mentalidad de pensar en positivo cuando haces una llamada telefónica es fundamental; en cada llamada que hagas, debes creer que esta podría ser la llamada en la que digan que sí, que necesitan tu servicio.

El poder del cambio es hacer un esfuerzo consciente y deliberado para hacer y pensar solo cosas que puedan ayudarte a tener éxito. No le des energía a pensamientos que no te empoderen, este es un ritual diario al que debes adherirte

El poder del cambio es una gran sensación interior. Esta sensación monumental es lo que necesitarás para siempre. Los sentimientos son la ruta. Los sentimientos lo son todo. En pocas palabras. Intenta visualizar lo que quieres en tu futuro. No olvides añadir sentimientos a esas maravillosas metas.

Al embarcarte en tu servicio de limpieza. Recuerde prepararse para el éxito. Desarrolle una lista diaria de llamadas de un mínimo de 25. La voluntad de no hacer llamadas telefónicas surgirá en su mente y necesitará el poder interno de querer tener éxito en lugar de no querer hacer llamadas telefónicas.

La mentalidad de pensar en positivo cuando hace una llamada telefónica es monumental. En cada llamada que haga, debe creer que esta podría ser la llamada en la que le dirán que sí, que necesitan su servicio.

Siempre que sienta ganas de renunciar, recuerde por qué compró este manual, recuerde la sensación que tuvo cuando tomó la decisión de tener su propia empresa.

El poder del cambio se compone de un espíritu de gratitud. Adquiera el hábito de estar agradecido, de apreciar todas las pequeñas cosas y todas las grandes cosas que vendrán después.

Hay muchas lecciones que aprenderá por su cuenta, pero una de las lecciones más importantes que quiero compartir es: "Hay suficientes negocios para todos".

En 2008, cuando mi empresa, Goode's Cleaning, fue nominada como líder de pequeñas empresas del año, tuve que completar un largo cuestionario de registro. Una de las preguntas era: "¿Qué opino de mi competencia?". Le dije a mi esposo Andy: "Vaya, la siguiente pregunta es muy difícil". Cuando repetí la pregunta, me respondió: "¿Por qué crees que es difícil, si hay suficientes negocios para todos?".

Le respondí diciendo que hay más de 1000 empresas en Jacksonville; ¿cómo vas a decir que hay suficiente para todos? Andy señaló que hay más de decenas de miles de empresas y solo miles de empresas de limpieza. Esta inteligente revelación llena de pura sabiduría se convirtió en una gran inspiración para mí.

Quiero que todos y cada uno de ustedes lean la siguiente declaración que se enumera a continuación y lleven este gran conocimiento para siempre. Que Dios los bendiga para que comprendan el valor de esta gran verdad.

La gran abundancia de Dios está en el cielo; tus ojos nunca podrán ver todo el cielo del mundo entero a la vez.

La gran abundancia de Dios está en el océano; tus ojos nunca podrán ver toda el agua del mundo entero a la vez.

La gran abundancia de Dios está en los árboles; nunca podrás contar las hojas de ningún árbol; las hojas de un solo árbol son tantas que solo imagina cada árbol en este planeta; simplemente no puedes contarlos

Y por último, pero no menos importante, la gran abundancia de Dios está en cada brizna de hierba. Imagínate intentar contar todas las briznas de hierba del mundo; totalmente imposible.

Bueno, todos los ejemplos anteriores están aquí para animarte a que el cielo es tu límite; recuerda que la gran abundancia de Dios también está aquí para ti. Has dado el primer paso para ser autosuficiente. Nunca te rindas, no permitas que un no determine tu futuro y recuerda que si yo pude construir mi empresa de limpieza desde cero, tú también puedes. Mi correo electrónico para consultas y coaching es goodescleaning@comcast.net.

¡Felicitaciones por iniciar su propio negocio de limpieza de oficinas!

NOTAS

_____

_____

_____

_____

_____

_____

_____

_____

_____

_____

_____

_____

_____

_____

_____

_____

_____

_____

_____

22: PREGUNTAS FRECUENTES DE LOS CLIENTES

Si bien muchas de sus preguntas se responderán en detalle a medida que lea el libro, es posible que tenga algunas preguntas que desee responder de inmediato. En este capítulo se proporcionan preguntas frecuentes.

Cliente: ¿Tengo que firmar un contrato?

Respuesta: No, requerimos un acuerdo de terminación mutua de 30 días.

Cliente: ¿Cómo le pago?

Respuesta: Le facturaré los días 15 y 30 de cada mes por correo electrónico. Puede

hacer su cheque a nombre de Blank
Company.

Cliente: ¿Tiene seguro?

Respuesta: Sí, tenemos licencia, seguro y
garantía.

Cliente: ¿Quién limpiará la oficina?
Respuesta: Yo mismo o uno de mis
empleados.

Cliente: ¿Limpiará mi oficina la misma
persona cada vez?
Respuesta: Sí, la misma persona vendrá
cada vez.

Cliente: ¿Tenemos que proporcionar
nuestros propios suministros de limpieza?
Respuesta: No, nosotros proporcionamos
los productos.

Cliente: ¿Suministran productos papel?

Respuesta: No, usted es responsable de proporcionar todos los productos de papel, bolsas de basura, papel higiénico y toallas de papel.

Cliente: ¿Cuándo se realizará la limpieza?

Respuesta: Un miembro del personal vendrá entre las 6 p. m. del viernes y la medianoche del domingo.

Preguntas que te puedes estar haciendo

En este punto, probablemente estés pensando que sí, tengo dinero para invertir en este negocio y sí, no me importa limpiar. ¿Y ahora qué?

Probablemente te estés preguntando, sin experiencia, algunas de las siguientes:

- ¿Cómo puedo conseguir clientes?

- ¿Cómo puedo aprender a limpiar profesionalmente?

- Quiero ser el jefe, pero no quiero limpiar yo mismo.

- ¿Qué productos necesito?

- ¿Qué material de oficina compro?

- ¿Dónde debo ir para obtener mi licencia comercial?

- ¿Cuánto debo cobrar?

- ¿Cómo me pagan?

- ¿A qué hora empiezo a limpiar?

Sé que las preguntas en tu cabeza siguen surgiendo, pero relájate; para eso invertiste en este manual de limpieza.